LOS AÑOS LÍQUIDOS

LOS AÑOS LÍQUIDOS

Mariana Feride

MAHALTA
EDICIONES

COLECCIÓN
ADIVINOS

© Mariana Feride Moisoiu

© Fotografía de portada: Mariana Feride Moisoiu
© Fotografía de solapa: Mc Barri
© Prólogo: Javier Díaz Gil

© Añil desarrollo gráfico, S. L.
Mahalta ediciones es un sello editorial de Añil desarrollo gráfico, S. L.
www.anil.es
www.mahalta.es

Colección Adivinos n.º 23
Primera edición: abril 2025

ISBN: 978-84-129419-7-5
Depósito Legal: CR 391-2025

Impreso en España
Diseño y maquetación: Añil desarrollo gráfico, S. L.
Impresión: Safekat, S. L.

De la pérdida y su consuelo

Siempre he creído que un prólogo tiene como finalidad mostrar al lector ciertas claves que ayuden a entrar en el universo poético del libro, en la mirada lírica del autor. Entrar en la poesía de Mariana Feride es entrar en un río, es sentir la humedad de su corriente y su incendio, navegar hasta su corazón, hasta la sangre primigenia de donde nacen las palabras, donde reside el dolor y la memoria, donde habita la luz y su consuelo. *Los años líquidos* es la respuesta lírica de la poeta ante la pérdida. Perder a los seres más queridos, los padres; perder la patria, la infancia y su paisaje; perder el amor y la salud. Vivir es aprender a despedirse. Es aprender que el río que nos lleva hasta el manriqueño mar —al que alude simbólicamente Mariana en estos poemas— nos arrastra cada vez más desnudos, más solos, más esenciales también. Vivir es, para Mariana Feride, aprender que existen motivos para seguir el camino, para dejar huella en los demás y tender la mano, dar amor sobre todas las cosas y tener fe en Dios que, en el sentir de la poeta, no nos abandonará.

Los años líquidos es la metáfora de la vida en movimiento, la vida que fluye y se nos escapa, que no podemos retener. Que nos obliga a reinventarnos y cambiar, a adaptarnos ante las nuevas dificultades, a seguir senderos.

Ya en la primera parte, aparece el elemento marino junto a las metáforas de las que se vale la poeta: lo sagrado, la tierra, el agua, el mar como refugio. También la enfermedad, el vértigo, la derrota, la caída... y, siempre, la búsqueda del consuelo «sentir el olor de la lluvia, tierra y cielo juntos en el perfume infinito».

En «Cuerpo olvidado», segundo apartado, advierte que la vida es soportable cuando el cuerpo y el alma viven en armonía. Una camisa se ofrece como símbolo de lo perdido, de un cuerpo vacío sin su alma. Luego, los dos poemas que lo cierran, «Vuelven...» y «Olores» son consuelo y camino. Y si las dos primeras partes son testimonio de la pérdida y de las certezas, la tercera, «Puertas del tiempo» es la necesaria crónica del paso del tiempo como acumulación del dolor y de la noche, léase: la injusticia, la explotación, la envidia, la ira... lo incierto del futuro.

> Basta con mirar las lejanías,
> sumar todo y admitir lo evidente,
> esta soy yo, agua sobre agua, bajo la luna y su luz;
> el resto es... silencio.

En «Sueños del mar», cuarto capítulo, apura el símbolo del agua como refugio y camino: «La mar al mar, del mar al mar, el mar en mar, el mar al mar...». Nos habla del dolor que nos hace fuertes, de la apuesta que supone existir, de la figura de Dios. Son mensajes muy directos, plenos de recursos estilísticos: el vaivén de las anáforas: «Parezco un ave... parezco semilla... parezco abeja...», y de la paranomasia: «Parezco lo que padezco».

Mariana Feride nos ha ido mostrando poema a poema hasta este momento el dolor y la pérdida, el paso del tiempo y la muerte, señalando con voz certera la injusticia y el caos al que nos conducimos. Aún hay tiempo de salvarnos. La quinta parte, «Mi fortaleza», es de nuevo camino, camino de respuesta, de salvación y sosiego. Frente al llanto y la pérdida —«El árbol llora la pérdida en mudez...»— está Dios y la eternidad del alma. Frente a la lucha, el amor. Tal vez estos cuatro versos el poema «Mi lucha» son el corazón de este poemario:

> Sé que cavar una tumba, muy profunda
> será solo para la carne.
> Siempre he querido ser amor, esta es mi lucha, este
>   mi legado.
> [...]
> Para enterrar el amor no hay tierra suficiente.

Cierra esta parte el poema «Portal». Un poema en el que reúne, utilizando la alegoría, los temas presentes en el libro: la muerte, la enfermedad, la imagen del padre (la mano del padre), el mar, la luz, la oscuridad, la lucha, el vuelo... los símbolos que han aparecido en sus versos y los construyen. Es este, un poema en versículos con un lenguaje metafórico intenso —«mi brazo izquierdo se descompone en un ejército de hormigas / curiosas, decididas a conquistar mi carne, su geografía»— que reclama la necesidad de seguir viviendo, de luchar frente a las amenazas. Y retoma la figura de las sirenas, que tratara al principio del libro, para cerrar el círculo: «El mar canta a lo lejos, no hay sirenas».

Mariana Feride concluye *Los años líquidos* con los poemas breves de «Despedida», la sexta parte. El número 6 es el eterno buscador de armonías, trata de unir el cielo y la tierra, la mente y el corazón. De nuevo, el lector atento percibirá el juego de pleamar y bajamar que vienen sucediéndose en las distintas partes del libro. Cierra en bajamar, en una playa acogedora donde mostrarnos que después de la oscuridad y el dolor es posible la alborada y el consuelo. Poemas desde los que construir, poemas donde encontrar lugares refugio: el interior; el ave y el vuelo; el agua, la noche y el silencio; lo trascendente frente al caos. Frente a lo líquido, el camino y el amor. Y por último, Dios, la fe en la vida eterna.

Atento lector, entra en este libro, ojalá este prólogo te sirva, es mi lectura la que te ofrezco. En ella he experimentado que Mariana Feride nos conecta con los misterios de la vida y la muerte, con la luz y la oscuridad al mismo tiempo. Escucha su sabiduría y déjate conmover por sus palabras.

JAVIER DÍAZ GIL

Lo que sé a los sesenta años, ya lo sabía a los veinte.
Cuarenta años de un largo, superfluo trabajo de comprobación.

EMIL CIORAN

No me veo

No me veo, padre, no me veo
desde este valle de dolor,
desde esta maleza que me sofoca,
desde esta montaña de indolencia,
desde tu palabra que me aprieta permanente
y no me mata de una vez.

No me veo, padre, no me veo creciendo,
me quejo a ti ahora,
porque a quién quejarse una
sino a su padre cuando el río se sale del cauce,
se arroja sobre las aldeas y las destruye,
a quién quejarme sino a ti cuando el paso
largo del tiempo se convierte en pesadilla,
a quién ofrecer el pasto verde, crudo,
si te has llevado las ovejas
y los caballos, y lo manso del aire.

Debo ser una sirena, Rango.
No tengo miedo a las profundidades
y si un gran miedo a la vida superficial.

ANAÏS NIN

Las sirenas ocultas

Arte de otoño

Solitario, elegante, el puente cuelga entre dos
pilares delicados,
como dos ojos de una novia indecisa.

Próximo lo sagrado,
la madera que lo compone
desliza su alma ante la piel del peregrino.

Mece, hechiza, cuida el alma colindante
para mantenerse encima
del abismo y resistir.

Abajo, el agua de plata provoca
con su austera belleza vestida de otoño.

Vibración

Recoge lo que queda de tu cuerpo,
no hay cementerio sin ceniza.

ΩM

Todas las mañanas sin tiempo
un ardor devora mi mudez.

Entonces salgo al mar
y en mis ojos las olas juegan con tu silueta,
allí,
en tan lejano horizonte.

Mi grito: silbido de albatros,
esperanza y látigo sobre la solidez de la piedra,
infracanto de sirenas
ocultas y soledad.

Escalofrío

Huérfano, agachado en la esquina de la noche,
un insecto sin importancia
observa la luna.

Canta el bosque, encanta al aire, aúllan las tinieblas.

Sus alas tiemblan al ritmo de la selva,
el germen se entrega al follaje,
vibra la carne.

El frescor transita su cuerpo,
los cielos abren y reciben en la misma cadencia.

En el suelo

Paisaje oblicuo, prado a la fuga
y un infinito de cosas colgando en el aire.
Permanezco en el suelo, mis oídos sangran,
Bach, tambores, talones extraños, tribales.

Pasa también un toro agitando su muerte.

Demasiado movimiento, el vértigo se apodera de mí,
necesito sentir el olor de la lluvia,
tierra y cielo juntos en el perfume íntimo.

Lentamente cierro los ojos,
no hay nada que pueda
retenerme aquí.

Huella

No nos define lo que tenemos ni lo que somos.
Lo que nos define es la huella que dejamos
en la vida de los demás.

ALEXANDER RIVERA

Cipreses, aloe, conchas dispersas.

Cincuenta y cinco años
midiendo la playa detrás del vagabundo,
buscando el olor del país.

Mi huella en El Morche pinta suavemente las sílices,
se deja llevar, balbucea en lo profundo,
vive y grita en silencio
las miles de noches,
las miles de noches perdidas
en los amaneceres y promesas.

Esa huella, más tuya que mía,
aguarda la tristeza del mar.

El grito incendia la garganta, el latido dormido
de la conciencia,
alguna lágrima perdida en el horizonte.

Esa huella renace en mí cada albor,
se convierte en paz,
se posa en una foto
y habla.

Tan lejos y todavía

La tierra yace en mi mano húmeda, tibia,
tatuando tu última respiración
en mi piel dormida a la fuerza,
profundamente dormida.

Mi piel, digo,
tan profundamente dormida que apenas
siente el olor de la fría oscuridad
que se instala en mis entrañas.
Me derrumbé a orilla de tu hambre
sin poder cumplir lo prometido.
Halcón al acecho, el tiempo te llevó sin piedad.
Dejé mis manos al goce de la tierra
que por primera vez se hizo hoz,
abriendo largo precipicio a la nada.

Y me fui lejos,
tan lejos que ni siquiera
yo misma vuelvo a hallarme.

Cipreses y selva

Entonces los cipreses perfumaban mis altos sueños,
tu elegancia, el vuelo de la perpetua hondura.
El mundo grababa quimeras no nacidas
más allá del saber,
y temblaba la carne ante el cenit.

No entendía qué pasaba con la hierba,
con el campo alucinado,
ante la secreción que presionaba al musgo.
Tú decías, con la cabeza al aire libre,
con sonrisa inocente:
Es amor, mi vida, es amor este total misterio,
y tú eres la sangre que lo transita.
Y los campos se llenaban de tu voz.

Después el eco ponía la tristeza y su furia celosa
detrás de nuestros talones.

Ahora me susurra el ángel
sentado encima de tu hombro:
No hagas caso al silencio de la marmota,
los caballos siguen corriendo en el bosque.

Se enfriará el corazón

Se enfriará el corazón de la rama que nos cuidaba.
Se enfriará la sombra que guardaba nuestra voz.
Se enfriará la mano protectora de las cosas.
Se enfriará todo lo visto, lo no visto todavía
junto a la estrella que ocupa medio cielo y lleva tu
    nombre.
Se doblará mi espalda por llevarte siempre.
Se doblará el camino hasta mi hogar.
Se doblará el sufrimiento del loco que brota cada hora,
que muere y te esconde manso con su indiferencia.
Se posarán todas las aves sobre el bosque que fuimos,
con un inocente disparo dentro del ala perdida,
con un gran pesar sobre la tumba que cavaste en mí.

Todo temblará delante de las cosas silenciadas,
todo temblará delante de lo imposible,
todo temblará ante todo, y los volcanes interrumpirán
el tiempo con furia, nadie
podrá detener la aridez.

Y cuando, al fin, todo acabe,
volveremos a ser bosque deslumbrado,
hierbabuena en las grandes marismas de los cielos.

LA SILLA QUE ME DISTE (*UBI SUNT*)

De las sillas dormidas se responsabiliza el silencio.

ΩM

Quiero estar despierta cuándo vengas,
evitar el cementerio que transita tus oídos
y sube sin escaleras,
el que empotra en cada peldaño
un clavo junto a un clavel.

¿Has vuelto?

El sauce sigue en la parte izquierda de la iglesia,
todos los días, esperando; nunca
deja de llorar tu huida al norte de su razón.

¿Dónde están mis plumas, mis estrellas,
los silencios que escribías en mi frágil secreto?
¿Dónde está el amor que cantabas a mi oído,
las mañanas de miel, las noches de opio libre,
los días de marfil
cuando el sol quemaba todos los infiernos
y tu mano sembraba seda sobre mi alma?

Que se acerque el mar,
porque yo no puedo saltar las vallas ni moverme
de la silla precintada.
Que se acerque el mar a mis profundidades.

Peso climático

El clima tiene peso,
el peso del día y del silencio.

ΩM

Sobre el cielo despejado se acercan los buitres
y se sientan alrededor de la mesa.

El polvo levantado nubla la percepción,
solo interesa la frescura de la carne.

La tierra ha pasado ya por la hoz.

El ave descubre su nido en la roca,
los cráteres gimen;
nunca el silencio ha pesado tanto.

La vida solo es soportable cuando el cuerpo y el alma viven en perfecta armonía, existe un equilibrio natural entre ambos y se respetan recíprocamente.

D. H. LAWRENCE

Cuerpo olvidado

LA CAMISA

Suda y parece un cuerpo descarnado,
olvidado a las orillas de un mar silente e inseguro.

Pasea la brisa en un intento de resucitarla,
falla, como falla el viento y la inclemencia.

Suda mientras el día pasa torpemente
soltando de vez en cuando, coqueto,
sus largos cabellos ante el sol.

Suda y nadie levanta su tristeza
hasta que un pulpo coge una manga, la otra,
y le da forma y sentido.

La muerte se convierte en vida,
cambia la cruz y su pesadez con rayos inmaculados,
la camisa desconoce el abandono,
se ha convertido en hogar.

INTENSIDAD

Se ablanda mi corazón
ante tu mirada cansada de tantos
horizontes, de tanta
belleza perdida, de tanta orfandad.
La rueda se mueve lentamente...
La silla asedia territorio desigual,
lentamente...

Los ojos captan
todo y lo aceptan
lentamente...

En el instante justo,
la mano de la verdad caza la tristeza
con sus perros guardianes,
encarcela toda su semilla,
corta el camino con hierba hechizada y plomo.

No hay nada que hacer:
respirar lo mínimo y morir despacio en la cruzada.

El camino

El camino desvela la luz,
las campanillas rodean el monte,
pintan y perfuman la primera capa del suelo.

Mañana once,
frío, tiembla la hierba,
llegamos tú y yo, muertos de hambre.

Apenas movemos los labios;
nos entregamos al viento.
Hemos vivido lo incontable,
con lo imprevisto en los ojos,
con el placer en las venas.

La mañana asesina nos ha piado.

EL SOL GUARDADO

Has guardado el sol dentro de ti,
nunca he presentido que me dejarías
sin esta luz tuya que fue la de mis ojos.

Te regalo todo, todo lo mío es tuyo, decías.
No sabía lo mucho que pesa tu herencia,
no sabía lo mucho que hiere el aire cuando te respiro
ni cómo es la tierra cuando rechaza el dolor.

Hay que vivir de nuevo en un bosque silencioso,
escuchar el ritmo de las botas por el camino negro,
inspirar impotencia, espirar vida y seguir.

Siempre se hace ver una luz en la lejanía,
siempre espinas en donde falta el camino,
andar es la única esperanza para llegar al sol.

Morir,
para volver a vernos otra vez.

Hasta tu piel ahora y todavía

Va mi abrazo desmayado por la calle,
se hunde en la lluvia que va contigo
y con tus interrogaciones.
Te encuentra piel y hueso, algo confuso.

Nada ha cambiado, el aire denso se llena de deseos,
el abrazo penetra los límites,
se acerca a tu piel,
se funde con ella,
la calienta,
inspira y te respira.

Un encuentro previsible, podrías decir.
Allí, en el vientre del gran Universo
estamos ahora,
y todavía,
siempre.

De las gotas que sobran

Nací ceniza. Tú pusiste el sudor
y mansamente empecé a alzarme.
Cada partícula se hizo sabrosamente viva
porque tú estabas. Y tu esencia.

GOTA, LA ÚLTIMA

En la suave calma de la tristeza,
gotas de recuerdo estallan
y se dejan caer al otro lado del caos.

Tú miras lo sucedido con los ojos del lince.

El puente, con su imposible leyenda
y una histérica, demoniaca,
inhumana risa, te empuja al vacío.

Flotando en el aire, tras la mielina,
el cerebro intuye la dulce piel de la eternidad
y feliz respira la dureza del último camino.

En tu ventana

Has separado este cuerpo del amor que lo vivía
y ni siquiera tienes la culpa. Estoy buscando
las llaves del portal por todos los rincones del bolsillo,
en primaveras húmedas, en calores insistentes,
hasta en las hojas tardías que adornan el pasado.

Vagamente recuerda mi sangre
la miel de tu carne y la frescura de tu voz;
aún estoy enamorada de tu huella,
de la frágil fragancia
de los sueños que prestaste a mi vuelo.

Nunca entenderás al viento
que trae al mar nuestros recuerdos,
el receloso canto del aire
en madrugadas de té y amor,
las tardes de la ciudad cómplice de nuestra locura,
los chopos que nos cubrían la desnudez con su humedad.

Este cuerpo, antes fundido con el herbaje,
este pobre cuerpo llora y se acrecienta la pena,
como un pájaro sin camino, como un mundo sin Dios.
Agáchate,
sorprende el agua en el caos de tus carencias,
riega la vida, ayuda al pez,
haz que crezca la hierbabuena en los campos de romero,
prepara nidos para el invierno que se acerca,
puede ser que vuelvan las llaves
junto con la inutilidad del perdón.

Terribles circunstancias
rodean la palabra suelta entre muros helados,
esa única palabra que me unía a mi carne,
esta carne hecha trizas
que el viento posa hoy con rabia en tu ventana.

Memoria (de vergüenza)

Empezaron a echar piedras saladas
bajo el peso de un brazo mezquino que llegó
para felicitar, para iluminar el día
donde las banderas proclamaban duelo.

Qué importa si el cielo alumbra y revela,
qué más da si el camino rojizo avanza,
lo importante es la bandera,
su color versátil y la mentira.

Los sacrificados son solo memoria
utilizada cuando se debe, como se debe.

Vivir es un combate permanente,
un vaivén entre tierra y cielo.

Jamás descansará el corazón de la tierra
mientras sigan acariciando el mar
solo los deseos miserables.

Mira el arcoíris que inunda el universo,
mira al niño que intenta calmar la grave histeria del ser
convertido en masa helada, con su incierto presente,
memoria de un pasado escondido tras una mascarilla.

OLORES

Los sueños, las certezas, sobre el mar,
susurro de paloma y arco iris,
promesas que guardan la luna detrás de los pantanos.
Noches de cipreses y miel.
Higuera en flor y amapolas.
Los corzos que visitan vírgenes caminos.

Aquellas promesas están ardiendo ahora,
regresan a nosotros en la soledad de la madrugada.
Hay que dejar semilla, la propia,
aunque no nutra toda
y solo alimente la tierra, sus aves y el ala del ángel:
el sudor que deje en su lucha se convertirá en perfume.

Vuelven...

Vuelven las noches.

Los hombres y las estrellas reflejan
la vida ante los espejos,
giran guiados por una matemática
que ha dejado su nombre
en una lectura dirigida a los hematíes.

Puedes ver una chica asilándose en el cielo
o entregando su cuerpo a la tierra,
de muy cerca la sigue su perro, conserje querubín,
así la cuántica coge sentido
y el ser asienta su piel con fino tacto a lo universal.

Hay agujeros negros por descubrir,
otros creados para escapar, perderte en Oz.

Hay voces que derriten las paredes,
las rompen y las recomponen.

El viento abre un libro,
recorre suavemente sus páginas,
y se vuelve noche.

Nadie conoce el ángulo preciso por donde la utopía
sale al encuentro de la creación.

Quién dibuja las líneas
del semblante ausente cuando el sueño muere.

Se me abre una puerta,
entro y me hallo con cien puertas cerradas.
Antonio Porchia

Puertas del tiempo

La desolación del viento

El tupido pelaje del aire
enseña el norte de la marmota inocente
al acecho del próximo río.

El hocico del viento respira detrás de las ramas,
arroja la toalla y ordena las olas de la ruta azul
mientras una mariposa,
temblando, deja caer su piel antigua
bajo la mirada dulce de un virgen brote.

Y así pasa el invierno por las puertas del tiempo.
El aire desnuda una nueva primavera
y su verde juventud.
Todos los días, el canto del mirlo sube por encima
de todos los ruidos,
y un copo de nieve se posa suavemente en el alma.

El océano llama a los peces
para comer desolación de viento
y dejar sitio al sol
para que se acueste al lado de las arenas.

Momentos de una guerra continuada

Escondido al espinazo del tiempo, el grito.

La arena y su dulce fiebre recubren el aire.
El norte no se olvida,
aguarda en lo profundo la memoria
y su perpetua muerte.

Sobre el mar, el infinito,
las almenas de la última batalla,
banderas rotas
y las victorias llenas de arrogancia.

Una mano ignota pasa lentamente sobre las nubes
y dibuja un futuro descaminado.

Detrás de la memoria, el árbol indaga raíces,
la niebla, callada y fría,
pasea a lo largo del olivo sagrado,
una vez y otra, ocultas sinceridades que hieren.

Una y otra vez,
con el aire esclavizado, alza banderas quemadas.

Entre sombras

Por el agua que bebo,
una tristeza densa
se ha infiltrado en la sustancia del cabello,
en su raíz,
y negra se extiende
por debajo de mi puerta.

La asfixia
quiebra y avanza en el aire
su densidad,
camaleónica y dura.

Su peso inclina mis hombros a la fuerza.

Ni siquiera su fin acabará con los daños.

Paisaje nocturno

Debajo de los sueños respira la luna,
aguarda el ángel el temblor del bosque.

En el primer grito de la noche
despunta el silencio;
las tinieblas cogen el pulso de las cosas
y se refugian en el poder de la luz.

El búho chispea, gruñe el tiempo,
los sentidos aúllan;
en las entrañas del alma se abre la gloria.

LOS VALIENTES

No hay normas para las calles relegadas,
solo pretensiones y ríos de indolencia.

La hija del vecino trabaja en la calle,
alguien pasa y le pregunta *¿cuánto?*
en vez de *¿cómo estás?*
A su padre no le molesta,
tiene un coche nuevo
y por el techo ya no pasa la lluvia.

Yo la desconozco, consigo conocerla más,
no me molesta su atisbo de tonta enamorada,
alguien paga, su padre está contento,
ella ha elegido caminar por el aguzado borde.
Los coches paran y luego arrancan,
la chica mastica pan húmedo y mira al cielo.
La calle aumenta y florece mientras la carne se pudre.

Apesta todo,
valientes respiramos en esta atmósfera
donde las normas sucumben.

Débiles

Somos frágiles, tan frágiles
que nos tiemblan las manos sobre el dinero,
tan frágiles que al decir te quiero
se nos tuerce la lengua;
aún más frágiles cuando el mar se vuelve muerte
y desde las orillas miramos mudos
el siniestro paisaje.

Lo mucho que nos arde en el hueso la envidia:
duele reconocer un buen hacer,
si no es mío que no sea tuyo ni de nadie,
la pérdida es más conveniente.

Y qué difícil es dar los buenos días al que tiene
otra forma de mirar, pero las mismas lágrimas.
Qué triste pensar que la tierra nos pertenece,
que somos más de lo que somos.

Qué peste nos rodea,
qué enfermedad ignota
esta fragilidad que nos domina.

En mi intimidad busco encontrar cobijo dulce
mientras tú miras mi currículo.

Saco algún provecho de mi pobreza
colgando estrellas en la pared.

AL ACECHO

Conocí esta ira que arrasa y lo arrastra todo.
Esta ira tuya que acabó conmigo,
la inocente, la crédula,
la pasta dulce de tu cocina.
Este odio que destruye con cada pisada.

El rencor te hace frágil, dices.
Si lo fuera habría muerto hace siglos, te contesta
mi ojo perdido en la ladera adyacente.

Allí está la muerte del espíritu,
al acecho de lo que fuera vivo o muerto,
a todo lo que agita el grumo,
al acecho de lo que puede
ser ocasión de ir a donde sea,
menos al propio interior.

El último trago

Bebe, me dijo la vida,
y de un solo trago bebí su veneno,
pero la sed se comía mis entrañas aún más.
Bebe, exigió de nuevo la voz del éter,
y mi inocente boca
se llenó de nuevo de su mala fibra,
y la sed todavía no cesó.

Bebe, tu mundo te recibirá con flores
el día después.
Y bebí para morirme sin esperar lo prometido.

Para descansar,
he lavado con mi propia sangre la piedra antigua.

Al elevarme,
plantaré nuevo árbol que lleve el nombre
del agua que transita sin advertirme
de lo que no soy todavía,
de lo que seré en aquel después,
en aquel entonces tan esperado.

Cuando las aguas se reúnan y cese la sed.

La gran caída del querubín

En la ladera, con árboles caídos
en la piel, se revelan los arcanos
ante el rumor de los manantiales.

¡Qué dulce sinfonía innovada,
qué motivo más bello para dormirte!
Así, en el confuso horizonte,
no se sabe si el bisbiseo es lamento,
no se sabe si es alta rogativa
o el eco de los Nibelungos,
no se sabe...

No se sabe nada.
Como nada se sabe sobre el dolor
de los árboles ante el hachón,
de la complaciente
impotencia del pescador ante el canto de sirenas.

Neblineros de servicio,
tomad conciencia de la memoria,
tomad conciencia ante la gran caída del querubín,
ante el dolor del mundo,
ante la cruel guadaña del ser humano.

Un mañana abortado

Se despierta mi padre por la mañana,
alza la mirada hacia los cielos,
limpia su cara,
arregla la percibida barba, sonríe y dice:
Tengo cosas que hacer. Y se dirige hacia el corral.

Se despierta mi madre de madrugada,
toda relámpagos y truenos,
tira algo de agua sobre la cara, mira con odio
la tierra llena de restos animales. Y dice:
Este día ha nacido muerto.

Muerto dices
—pregunta mi padre con blanda voz desde el hórreo
con las manos manchadas de estiércol—,
aliméntalo para volverlo a la vida,
menos los docentes idiotas lo sabe cualquiera,
incluso los pavos del vecindario.

Aliméntalo tú con los sueños de tu hija,
vais a vivir eternamente, idiotas
—contesta mi madre—.

Desde la puerta del corral,
miro arriba, luego abajo,
pienso que mi madre tiene toda la razón,
este día ha nacido muerto.

Dejar los tiempos

De los tiempos no quiero hablar,
solo despuntar las madrugadas bajo el ojo del cielo
mientras la luna persigue
la humedad de tu boca en mi perfil
y apaga los celos en la lentitud de la marea.

Por qué preocuparme de los tiempos
cuando las olas juegan con mi piel domada
por sonrisas de niño y dientes de león enfurecido.

Basta con mirar las lejanías,
sumar todo y admitir lo evidente:
esta soy yo, agua sobre agua bajo la luna y su luz;
el resto es... silencio.

Yo creo que todavía no es demasiado tarde para construir una utopía que nos permita compartir la tierra.

GABRIEL GARCÍA MÁRQUEZ

Sueños del mar

Sueños de arena

El mar susurra al que le anda el miedo por la sangre,
dice el pez al pescador.

Del mar llegará la negra, vestida de algas,
sin pies, sin alas,
con solo una larga cola para barrer la vida
y una boca ingente para echar la furia,
para tragar la sangre,
para tragar al mismo mar,
al mar...,
al mismo mar que te circunda,
que cubre todo lo sembrado, teniéndote en ciernes.

La mar al mar,
del mar al mar,
el mar en mar,
el mar al mar...

... las gaviotas le prestan vuelo.

Cosas del mar

En los días claros la mar levanta gaviotas en el cielo,
los peces escuchan la locura de la hierba.
Crecen tus dientes de invierno, y yo los temo,
temo a la mordedura perpetua, fría,
como por dentro la llaga,
como por fuera la gangrena hierve sin cesar.

Temo mientras el viento pasa
débilmente sobre tu perfil,
un hilo rebelde es la constancia de la úlcera.

Algo de poesía se posa sobre la mesa del limbo
para que vulnere la ternura de las aves,
para que asuste el próximo vacío.

Y si la mar está soñando gravemente
y si las gaviotas son solo marineros,
si no hay nadie que nos espere a los bordes,
nos quedarán los dientes del invierno.

Y tú dejarás de ser el que fuiste,
y olvidarás ser mar herido,
plomo verde enterrado, disuelto en el edén.

Avance de ave

De un lado la luna y sus estrellas;
del otro el sol radiante, su sensatez.

Ay, vida, tú eres el aire que respiro,
el viento que acaricia mi sabiduría,
su demora, el aliento de la madera,
la piedra y su pasado;
eres todo lo que me compone
y a lo que aspira mi célula primera.

Y para que florezca
la eternidad en mi vientre,
Dios ha dejado su bendición.

Parezco un ave que, aunque herida parcamente,
sigue buscando su avance.

Parezco semilla
que llena el vacío mientras espera la muerte.

Parezco abeja en su alto sacrificio
y verdoso silencio en un campo amarillo.

Parezco lo que padezco en mi holgura.

Sueño de sílice

A veces los únicos realistas son los soñadores.

Paul Wellstone

El otero azulado del mundo espera
ser devorado por la pepsina carmesí.
El paseo al lado del mar llama a la calma,
las algas se juntan en sesiones interminables, miedosas,
y la noche se llena de un suspiro extraño.
Esta hirviendo todo bajo la calma violentada
y de repente una voz truena:
    —¡Echa todo al mar!
    —¿Todo?
    —Todo.
    —¿Entonces el mar también?
    —He dicho todo, echa el mar al mar, y las medusas
fuera.
    —¿Fuera?
    —Si, fuera, preparamos el baño supremo.
    —Pero las medusas tienen la casa en el mar.
    —No importa, sobrevivirán: está templada la arena,
el horizonte se está volcando sobre la ciudad; corta sus
uñas, es inadmisible, arañarán el espejo de agua y el
sol se enfadará, ¡tanta angustia!
    —¿Y con el viento?, ¿qué voy a hacer con el viento?
    —Que se vaya escabullendo entre las tristezas del
tejado. Aclarado todo, me voy por las arrugas del cielo,
me espera la muerte en la puerta del día 33.
    —No hay día 33 ni puerta
    —No, ahora no, tampoco hay cielo, pero mañana,
verás, tendremos todo. Si has hecho todo esto cumplir

es la esencia. Es tiempo de descansar, no te olvides de poner la calma en alerta para sentir la tensión de la vida —dijo, por último, la voz del sueño y se precipitó al vacío.

Dulces caricias de arena rodean las verdades,
el mar se convierte en su propio corsario.
Duérmete, aquí no hay nada,
solo sueños, sueños de sílice
en plumas de gaviotas.

Postpartum

Sufrir es la manera de estar activo sin hacer nada.

Emil Cioran

Una voz rigurosa toca en mis oídos
como madera sobre madera,
suave y profunda.

Escucha el sonido de la noche mientras pasan los días,
la voz de una soprano tocando la luna.

Llegando a los edenes,
cruzarse con los pueblos perdidos en el tiempo
de un Auschwitz rediseñado.

Dentro las leyes del inmenso caos.

Aprenderás a vivir en el cosmos que eres.

Humedales

Cayéndose del cielo, los insectos aparecen,
llenan las llanuras y el espacio inmediato.

No queda sitio para esconderse ni descansar.

La vida se convierte en una plaza de disputas, sin límite.

En los grandes humedales,
las tinieblas pulsan permanentes,
crean y quitan, potencia suprema.

Una faja de tierra firme
recuerda con fuerza el poder de la savia.

Retrato en blanco

Blancos en el mundo,
andamos en pantanos de marfil
con ojos de blando ciervo
y olor de cedro perdido en el monte.

Y de la perfecta blancura sale
la blanca voz de la enfermera:
Aquí las risas son más risas,
los llantos son más llantos,
y detrás de sus párpados
el ángel de la muerte cuelga su ala temblorosa.

La montaña deja de ser tan alta
para acercar al corazón aves sin alas.

Y así se llena de aire tu gloria, Dios,
y el mundo cambia su débil cara ante su fin,
y con una sonrisa valiente
da el primer paso en la blanca eternidad.

Blanco en blanco termina
el retrato de la última amenaza de la blancura
en el pueblo asediado por el blanco.

MIS MANOS

El verano, tras tu breve ida,
ensancha su abanico de sequía,
aumenta el desamparo de todo lo que antes
imaginaba verde,
seca los ríos
preparando cauces para las lágrimas acumuladas.

Oh, madre, cómo pesa mi cuerpo tras tu partida,
cómo pesa mi pecho bajo los golpes repetidos,
cómo pesa lo que antes era libertad,
cómo me falta la palabra.

Me detengo donde antes era hierba y rebosaba el amor,
miro la puerta, los perales, la cortina arqueada,
dejo la cabeza lentamente sobre el barro hallado,
mis manos perderse en tus manos,
lloro y emprendo la batalla.

Asombro

Y mira cómo el pájaro despega con tranquilidad,
frontera se hace entre la tierra y los cielos.

Desde ahora los trámites estarán en el cuidado de Dios.

Aunque todo está en sus manos siempre,
esta vez es
imprescindible mirarnos,
hacer camino dulce al pájaro,
cogernos de la mano, uno por uno y volar.

La tierra no perdona esta atrevida huida,
el cielo no está preparado para recibirnos a todos.

Reza.
Pide perdón.
Sigue el camino
y agradece la magia del vuelo.

Pavor

Tienes que tener un sueño
para levantarte por la mañana.

Billy Wilder

Protesta la nave que me lleva entera al abandono,
la que pone violetas
donde antes había seda y perfume.
Hay una raya que separa lo pulcro de lo rancio.
Hasta aquí el mar,
desde allí el agua dulce del río noble.

Hay una pesadilla sobre otra
colgada en medio del paisaje,
como si el tribunal hubiera puesto su casa allí,
sin temor a vivir en un infierno ya preparado.

Hasta los pájaros huyen asustados
de la antorcha de mi hondura.
Mi alma no quiere algo de ti, sino todo, te advierto.
Atraviesa montañas y mares
abriendo largo camino para huir.

Ponte a salvo de lo que traigo a la espalda
con mi mano izquierda.
Hasta las noches más luminosas oscurecen mi alma.

PAISAJE ROTO

El sonido,
su lasciva penumbra sobre la percepción.

La luna masticando levemente las nubes.

El grillo que rompe la mudez de la hoja.

Retina sin fuerza,
destino de un paisaje degollado.

El fuego prueba el oro; la miseria a los hombres fuertes.

Séneca

Mi fortaleza

Salto en amor

Ven conmigo agua dulce del
mar desconocido, para mirar
los inframundos convertidos en
piedras deseosas.

ΩM

La rama torcida gime bajo el ojo sutil,
ante el viento.
Suicida, dice el aire fresco pasando indiferente.
El árbol llora la pérdida,
en mudez se llenan los incensarios de mirto
y la Madre de Dios llora negras lágrimas
que hunden la pared de la iglesia.

Un espejo refleja los pasos temblorosos,
las esquinas que los esconden,
los peces prestan el silencio
y bandadas de aves, cansadas de adversidad,
hacen un inesperado salto en el pálido amor.

Oh, tiempo, cómo detienes lo bueno
y esparces tragedias,
deja la fertilidad del polvo al cuidado de Dios,
píntame de joven siempre,
sígueme lentamente
en la eternidad del alma que tanto me pesa.

LUCHA

En las profundidades del invierno finalmente aprendí
que en mi interior habita un verano invencible.

ALBERT CAMUS

Siempre he mirado de frente,
sin miedo, sin prejuicios.

Las acacias soltaban
las flores que mi boca deseaba con ardor,
mientras los álamos
cimbreaban en sus copas nombres
y reforzaban el débil pulso de la historia común.

Sé que cavar una tumba profunda
será solo para la carne.

Siempre he querido ser amor,
esta es mi lucha, este mi legado.

Volveré con más fuerza si no lo logro
para llenar los campos de alegría.

Para enterrar el amor no hay tierra suficiente.

Vuelo individual

Como un pájaro enfadado, abre las alas mi destino.

Yo no tengo vida para enfrentarme
—ni siquiera se trata de voluntad,
sino del lenguaje del pájaro,
de su piel que en calma dirige su rumbo,
de la condición prestada al vuelo—
a este sueño mío, huérfano y breve,
este vuelo que me lleva al atasco de la nada,
a esta huida que planea sobre todo lo asediado,
dispuesta a una espera sin límite,
a este penetrar que, por fin, me asegura el sosiego.

No tengo que hacer nada,
solo esperar con paciencia para ensanchar mis alas.

Estar preparada es la condición del vuelo.

La gran búsqueda

Quién puede resistirse al agua, a su honda magia.

Para encontrar el mar hay que mantener el ritmo,
comprobar antes todo, incluso las lágrimas,
y buscar la verdad
en la sal que las compone.

Con el primer vuelo te lanzas
y no miras atrás.

Luego hay que andar, medir, averiguar,
morir de vez en cuando.

Cuanto más te acercas al mar,
más se alejan las verdades de la tierra.

Llamada a la paz

Se ha corrido el velo delante del ojo.
Temo, tiemblo, sufro como una piedra de altar.
No me quejo a nadie, aspiro plomo aprisa,
espiro muerte despacio.

Es pútrido todo el hueso, apesta la sangre.
Novedades impuestas nos roban los sueños,
nos hacen impotentes ante la realidad,
huele a engaño, huele a mentira con disparate.

Nadie tiene la culpa, todos se quejan,
oídos sordos, lenguas de madera verde.

Temo, tiemblo, bebo todo el veneno
que se me sirve con abundancia,
y espero que la herida haga nido en mi cuerpo,
que deje libre mi conciencia, que llegue la paz,
que cubra con su ala la savia
del presente hasta el origen.

Temo, tiemblo y no me quejo; no sé cómo salvarme,
cómo salvarte,
cómo restaurar los campos
con la armonía y la ternura.

En su grandeza, Dios tendrá amor para todo.

AVE

He crecido junto a las palomas,
el viento amenazaba entre la madera rota,
gritaba con la fuerza del invierno
y su mano fría acariciaba el hueso;
bajo mi paso crujían hierbas secas
y plumas desechadas.
Me he criado con sus pollos,
el trigo nos sabía dulce, su escasez no engordaba.

Soy ave entonces, pero
qué hago con mis cabellos ensortijados,
con mi niñez que todavía busca su cuerpo
—crecido tan temprano—,
qué hago con mi voz que absorbe el aire,
qué hago con mis manos que me atan a la tierra.

Mis alas solo existen en mi mente,
cada mañana despierto todavía aquí.

Soy ave y no vuelo, soy mujer y nadie me observa.

Qué tengo que hacer
y dónde esconder mi cuerpo tan dañado,
cómo poner freno a mis sueños en desborde.
Cómo saber si estoy en este mundo
o vivo inundada en mí misma.

Ameba triste, fin, principio,
un cuerpo tan ajeno y tan lejano.

Punto ciego

Arranco en la noche sin faros,
me aferro a la hierba negra,
paso tras otro, negando la luz de la luna;
a esta altura solo me dejo guiar por luciérnagas,
por la piel y los hechizos de lo oscuro.

Ya es suficiente,
no me digan que la oveja negra está perdonada,
ni que perdona,
las cartas están echadas,
largamente tiradas en la mesa.

Quién a quién engaña,
quién a quién enseña el camino.
Solo para evidenciar el poder de la noche,
las estrellas siguen allí.

Agarrada a la hierba quedo,
en la viscosidad de las humedades,
como un Eliade nocturno
enfadado consigo mismo y amigo de las tinieblas.

Ahí está el misterio,
su belleza es lo que la noche oculta.

Veranos e inviernos para olvidar

Ha pasado ya la sequía, los grandes calores;
los árboles nos han dejado sin hojas.

Llega la lluvia, su amado atrevimiento,
jugo y memoria,
y desde dentro brota, prudente, el hueso.

Estamos vivos,
las hojas perdidas nos sirven de nido.
Estamos quebrados en el mismo cauce, pero fuertes.

Vivo y grito en sorda voz.
Oh, madre, dulce madre,
yo no he pedido tanta orfandad.

¿DÓNDE ESTÁN LOS INERMES?

Volcanes en mi garganta,
ceniza en el corazón, nieve pesada,
brea en mis venas.

Cuánto sabemos de lo que no sabemos,
y aquí no hablo de mi dolor,
sino del de la pureza perdida entre edificios grises,
de cuando tocamos la almohada y arde,
de cuando nos volvemos
verdugos guardando el secreto tras la noche
o lo que somos cuando la luz se apaga.

Pensamos en posibles enemigos,
nos volvemos
maniáticos sin causas evidentes
con las que resistir un tiempo como piedra.

¿Dónde están los que esperan,
los que no tienen armas,
solo escudos de amor y esperanza?

¿Estamos todos muertos?

Portal

Llegó la muerte a mi ventana;
su manto, serpiente silenciosa,
se escabulle tras las rejas, las envuelve;
su amor largo y descarado cubre
la pared y se extiende hasta la cama.

Allí está presente día y noche.
La miro indiferente, sé que me espera.

Muchas veces le dejo cogerme la mano,
esa mano —que parece la de mi padre—
desliza dedo a dedo
y me mira con la piel transparente.

El mar está
al otro lado de la cama, balbucea algo,
no lo entiendo.

Todo es una película
sin desenlace, yo la protagonista
atenta, inmóvil, generosa.
Alguien habla de una lucha. ¿Qué lucha,
quién lucha? No entiendo qué se pide.

Estoy cansada, nunca terminaré
esta tarea impuesta, no comprendo su contenido.

Pasan los días como pasan las noches,
yo con ella, ella conmigo;
mi brazo izquierdo se descompone

en un ejército de hormigas
curiosas, decididas a conquistar mi carne,
su geografía.

Un día se abre
largamente la ventana y un gato y un rayo de luz
se asoman a la vez. Esta humedad fría, esta peste
que me acompaña comienza a esfumarse.

El gato se ríe —parece—, me invita a jugar.

Por vez primera dejo
la mano desprenderse, miro la luz.
Es la ventana, es la misma ventana que hace
un momento quería tragarme,
y por la que la mano de mi padre
salió casi imperceptible.

El mar canta a lo lejos, no hay sirenas.

CREPÚSCULO

En la penumbra del frío
reclina la luna.

Sobre el árbol
cae virgen la borrasca.

La lentitud se expande en el aire.

El pájaro mira su tristeza tras mil amaneceres.

Por los rincones del tiempo,
desde la profundidad del mar,
el pez vigila:
lo que sobra se lo entrega mansamente a su mudez.

Despedida

El último templo

Todavía queda algo de otoño entre mis manos,
charcos burbujeantes de verano ocultos en la retina.

Cualquier grulla que pasea
el aire noble sobre el lago azulado
puede
presumir del misterio que nace
en cada una de sus pisadas.

El paisaje se forma dentro,
allí donde la palabra no llega.

Ave rapaz

El ave, su divina música, complica la cetrería.

El cazador esconde el hambre feroz en sus arpones, disuelve el tiempo con su saliva.

Al acecho, solo las tripas.

Silencio

Tras el aire, su incertidumbre,
esquinas complicadas,
el moho y su engañosa fineza.

El agua apoya su luz
sobre la superficie de la sombra.

En un volteo, la luna limpia los tejados;
con un grito blanco
anula cualquier otro movimiento,
instala el silencio.

La mujer de pensamiento líquido

Dos perlas negras como la cruda hierba abandonada
agitan el tacto del aire y el temblor de las esquinas,
captan el fulgor de la ropa que destierra la piel.

Inmóvil, como un icono olvidado en el almacén
donde la antimateria domina la ruta,
deja correr el pensamiento, primitivo y líquido
como la forma del caos,
y abraza el instante en que la creación deja de ser enigma.

Olor de sombra

Ha metido crudamente sus garras en mi cerebro,
agranda su cuerpo con lo que me alimenta.

Solo puedo mirar.
Un perfume denso de sombra
traslada todo lo que soy a su territorio.

Neurona tras neurona, se viste de blanco
preparando el viaje.

La sangre se convierte en cristal y su dureza
pone frontera entre lo que seré cada día.

Hago planes de cómo enfrentar el viaje del silencio,
pero sus garras aprietan más fuerte aún,
y su negra boca abre precipicios ignorados.

Me queda solo correr como el río,
dejar atrás volcanes,
cesar la sed del necesitado,
despedir a los muertos.

Índice

Esta edición quedó dispuesta para la tinta
en abril de 2025,
en las afueras, todo florece